犬でもできる開運法

今日から始められる最強の運のつかみ方

松永羽留美
監修 松永修岳

はじめに

はじめまして、びっちゃんです。
本当の名前は、「松永びすけっと」といいます。
松永家で唯一、姓をもらえたのが、私、びっちゃんです。
すごいでしょ！　生まれは東京、3歳の女の子です。
びっちゃんは、ご縁があり、生まれて3カ月で
新幹線に乗って岐阜県養老の松永家に来ました。
びっちゃんのご主人様は、皆さんご存知の
「運」と「風水」の専門家、松永修岳先生です。
日頃、びっちゃんはママにお世話になっています。
その恩に報いるため、毎日会社に出勤し、
少しでも、先生やママのお役に立てるようにと……、
番犬のお仕事を引き受け、頑張っています。
でも、ときどき気持ちとはうらはらに
つい、うとうと……と睡魔におそわれ、
夢の中へと行ってしまいます。

そんな、びっちゃんの「幸せな毎日」を、先生は一番に考えて
「運」の鍛え方や環境（風水）の大切さや開運法を
たくさん教えてくれます。
先生が教えてくれた「開運法」を、
この本のなかで皆さんにご紹介します。
びっちゃんと一緒にお勉強して、開運しましょうね。

ぜひ、びっちゃんの「犬でもできる開運法」を見て、読んでくださいね。

　　　　　　　松永びすけっと

目　次

はじめに　002

登場犬(人)物　006

"気づき"で心を鍛えて強くする！　008

愛されたい相手の心をつかむには　012

今のびっちゃんの"運"は？　015

"運のレベル"って!?　021

満月のパワーって、な〜に？　027

瞑想を毎日取り入れる!?　032

ネガティブな気持ちを取り除くには　037

自分の運命を受け入れ、幸運へ！　043

迎運!?　初詣で運をお迎えに……　048

人生の"目的"と"目標"を!?　052

幸運を育む知恵とツキを呼ぶ習慣　056

ガッカリ感は不運の素!?　060

運は貯金ができるの!?　065

"中身"を育てると運も育つ♪　071

運を育てる"体質づくり"って!?　075

運も天下の回り物!?　081

"縁"を"絆"に進化させられる人　087

好奇心を高めて"開運体質"へ　093

恋をしている人のところには運が!?　099

ほめることとおだてることの違い　105

人のために運を使うと"幸運"は!?　110

運に好かれるための人間力の磨き方　117

運を活かすことができる人って!?　126

感情のコントロールは仕事運の鍵!?　131

絶不調から抜け出したいとき　137

"感動する力"を高めると運が!?　146

感謝は運を磨く原点　152

ママのご挨拶　158

登場犬（人）物

びっちゃん

名前：まつながびすけっと

性別：女の子

血液型：犬型

出生地：東京生まれ。縁あって生後3カ月で養老に来る

好きな食べ物：①サツマイモ　②キャベツ　③ジャーキー

苦手な食べ物：うめぼし

好きなこと：ソファでの掘り掘り

苦手なこと：かみなり

好きなタイプ：訓練に励むパン君のような犬

韓流スターのようにかっこいいチョビ君のような犬

苦手なタイプ：理由もなく追っかけまわす犬

足音もなく近づく猫

大切にしているもの：ハートのピーピー、ドラえもんのぬいぐるみ

今までで一番楽しかったこと：お外への脱走

尊敬している人：ご主人様の先生

行ってみたい所：養老以外のパワースポット

会いたい人：チャン・グンソク

健康のためにやっていること：階段の上り下り

大きな目標：最強運をつかみ、みんなを幸せにすること

先生

名前：松永修岳（まつながしゅうがく）

経営戦略コンサルタント。『運と風水』の専門家。岐阜県・養老生まれ。19歳の頃より奇門遁甲、風水、四柱推命などの運命学を学び、さらに東洋医学、哲学、心理学などの分野についても研鑽を重ねる。数々の修行・荒行を経て、究極の荒行と言われる千日回峰行で開眼。修験道・空海密教の大行満大阿闍梨でもある。現代科学の最新データを基に、脳科学や心理学と奇門遁甲などの運命学を統合した独自の理論体系『ラックマネージメント®』を駆使し、様々な企業の経営戦略を指導している。また、伝承医学の叡智と環境生理学、環境心理学、大脳生理学の最新の研究データを融合させた新しい代替医療としての『建築医学®』を提唱。多種多様な分野で活躍する様から、『現代の空海』との呼び声も高い。

ママ

名前：松永羽留美（まつながはるみ）

動物愛護家。株式会社エンライトメントハート・コーポレーション代表。尊敬する松永修岳と出会い人生を共にする。動物が大好きで、現在も大型犬6匹、びっちゃん、ちょこちゃんと共に岐阜県養老にて暮らす。縁あり譲り受けた、びっちゃんと暮らす毎日が、意味あることに気づくとともに「運」や「風水」の大切さを、身を以て学び体験し、2011年、【開運犬びっちゃんの「しあわせ日記」～犬でもできる開運法～】のブログを書きはじめる。多くの捨て犬や捨て猫を目の当たりにし、犬が「犬」や「猫」を助ける活動ができることに気づき、捨て犬、捨て猫の救済活動に日々精進している。

びっちゃん開運法 🐾 01

"気づき"で心を鍛えて強くする！

びっちゃんのご主人様は「運と風水の専門家」で〜す。
びっちゃんに開運法や風水を教えてくれる「先生」なのです。
なので、びっちゃんは「先生」といいます。
その「先生」に聞きました。
「運がいいワンちゃんと運が悪いワンちゃんの違いは？？」
びっちゃんにも教えて！

まず、めげないこと！
運のいい犬は、心が強いんだよ。
それは、硬くて折れない強さではなく、
どんな形にも曲がる柔軟なバネのような強さなんだよ。

びっちゃんは、ママに「お手！　おかわり！」と言われても、
すぐ間違えるからなぁ〜。そして、いつもめげちゃってるし……。

失敗をして転んだり、うまくいかずに立ち止まったときこそ、
なぜそうなったのか、なにがいけなかったのか、
自分と向き合って考えなくてはいけないんだよ。
自分の心と向き合って考えること。
自分の心を見つめるとき、必ずなにかの"気づき"があるからね。

う〜ん。

気づきとは、
自分の心の奥にある答えや真実がわかることなんだよ。

びっちゃんには、難しいけど……。
なぜ、びっちゃんはいつもお手とおかわりを間違えるんだろう？

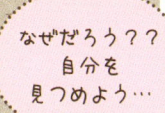

最近、ママは他の子供たちばかり可愛がっている。
おやつも子供たちのほうが先で、びっちゃんは後回し……。

自分の心の奥にある答えや真実がわかることとは、
それは眠っている脳のデータで、
泡のように潜在意識にのぼってきて、
パッと「そうだったんだ」と気づくことなんだ。
わけがわからなかった不安や怒りの理由に気づけるんだよ。

そうか……。
びっちゃん、ちょっと気づいた♪♪
びっちゃんは、やきもちやいてたんだ。

ママは、子供たちばかり可愛がって……、
おやつもびっちゃんが後回し……。
だから、焦って間違えてばかり……。
体は小さいけど、びっちゃんのほうがお姉さんなのに……。
あの子たちのほうが体は大きいけど年下なのに！

あ！ びっちゃん、気づいた！

そしたら、先生が言いました。

自分の心から湧いてくる気づきは、理屈などなしに納得できて、

自分がおかれている状況から学ぶことで

心を強く成長させる。気づきが多いほど、

犬生（人生）は豊かになり運も磨かれて輝くんだよ。

びっちゃんもひとつ気づけて良かったね。

ママの気持ち、わかってくれて、嬉しい！

先生、ありがとう！

びっちゃんはお姉さんだし、

ママはちゃんと"おやつ"くれるから、待ってるね。

ママ、びっちゃんはもう「お手、おかわり」間違えないよ。

今日は、先生にたくさん教えてもらいましたWan！

びっちゃん開運法 02

愛されたい相手の心をつかむには

びっちゃんは、元気に毎日を過ごしているけど……。

ちょっとだけ

悩みがあるの。じつは……。
びっちゃんはママやみんなにもっと可愛がってもらい、
愛されたいから……、
みんなが喜ぶことをたくさんしようとするんだけど、
なんか喜んでくれてないみたいなの。
どうしたら、みんなにもっと喜んでもらえるんだろうか？？

人のためになにかをしてあげても、
相手が嬉しいと喜んでくれなければ、
それは自己満足にしかならない。
相手がなにを望み、どんなことをして欲しいのか、

相手の気持ちを察して、タイミングよくそれを与えることが
"人を喜ばせる力" なんだよ。

そうなんだ。
お仕事で忙しいときだったり……、
お電話しているときだったり……、
びっちゃんは、ママやみんながなにをしているのか、
ちゃんと見てなかった。

びっちゃん。

人を喜ばせるために肝心なのは、
なにをしてあげるかという行動そのものよりも
みんなが『心を動かされるかどうか』なんだよ。

ハイ　　　　　　ハイ

心が動いて感動すると心から感謝が生まれ、
愛情運が大きく育つんだよ。
びっちゃんも愛されたいと望むなら、
まずみんなに喜びという愛を与えてね。"感じる力"を高め、
みんながどんなときに喜ぶかをキャッチしてね。

びっちゃん♥　　wan!

がんばりまーす

"人を喜ばせる力"は恋愛でも仕事でも
運のレベルをぐんとあげるんだよ。
びっちゃんも、みんなが「嬉しい」「楽しい」と感じることを察して、
さ・り・げ・な・く、してあげてね。

先生！　今日もたくさん教えてくれてありがとうWan！

びっちゃん開運法 03

今のびっちゃんの"運"は？

皆さんは知っていましたか？
運にはレベルがあるんですって……。
先生、びっちゃんに教えて！

びっちゃんは、どのレベルかな？
①迎運 ②招運 ③育運 ④開運 ⑤幸運 ⑥強運

幸運だといいな♪♪

びっちゃん…いろいろやってるけど！

まず、"運"のレベルを知る前に、
今のびっちゃんの"運"はどれぐらいか
知っておかないといけないよ……。

先生！
びっちゃんの"運"はどれぐらいなの？？

びっちゃん！　じゃ、まずテストしてごらん。
現在の"運"の状態を診断してみようね。

びっちゃん

すっっごく…
緊張するなぁ〜

さぁ！
びっちゃん始めようか！
いまから出す質問に Yes、No で答えてみてね。

◆部屋が散らかっている。
Yes（ちょっと散らかってます。ママ、ごめんなさい！）

◆ほかの犬（人）といるより、ひとりの時間を大切に思う。

No

◆部屋に絵や花が飾られていない。

No

きれいなお花が
いっぱいです

◆今の番犬の仕事があまり好きではない。

No

大好きでーす！

◆努力がたりない、間違っていると言われるとムッとくる。

No（びっちゃんはムッとこないよ）

◆図々しい犬（人）になりたくない。

Yes（びっちゃんは気づかいのできる犬になりたいです）

◆犬（人）と話しているときも、常に携帯のメールチェックする。

No（あ！　びっちゃん携帯持ってない）

◆当たる占い師がいると聞くとつい行ってしまう。

No（先生に聞くも〜ん！）

◆目標が見つからない。自分探しの途中。

No（目標は、みんなの役に立てるワンコになること）

◆夜食をよく食べる。間食が多い。

Yes（おやつのビスケットをよく食べます）

◆人になにかしてもらっても、ついお礼を忘れてしまう。

Yes（ときどきママへの感謝を忘れるびっちゃんです）

ママ！
ごめんなさい

◆忙しくて疲れがたまっている。やる気が起きない。

Yes

だるいよ〜

◆落ち込むときはとことん落ち込む。

Yes

いまは、だれとも話しない！

◆10年後、自分が幸せになっていると断言できない。

No（びっちゃんの10年後は、いっぱいの子供たちと、しあわせに暮らしてます♪）

できたかな！

びっちゃん、結果はどうだろう……。

Yes が 0 〜 3 個ならば "運" はまずまず好調。

Yes が 4 〜 7 個は "運" が下降ぎみ。

Yes が 8 個以上は"運"が悪い状態。今すぐ"運"を磨いて不運脱出を。

びっちゃんは Yes が 6 個だから、"運" は下降気味だよ。

しょんぼり…

びっちゃんは、運のいい犬になりたいんでしょ。

それでは、ひとつ教えよう！

流れを変える鍵は強い好奇心なんだよ！

なになに？　おもしろそう！　どうして？

「なにか気になる」の連続が "運" を好転させるんだよ。

ハイ！　びっちゃん、頑張る！

先生！　次はびっちゃんの "運" のレベルを教えてＷａｎ！

びっちゃん開運法 04

"運のレベル" って!?

びっちゃんの"運"はどれぐらいか、テストしたら……。
今、びっちゃんの運は少し下降気味なの。

このままじゃ
いけない

びっちゃん！
テストの結果でがっかりした？ でも、大丈夫！
"運"の流れを変えることは、それほど難しいことではないから。
前にも言ったように、きっかけは好奇心なんだよ。

あれ…
なに？ なに？

好奇心は、頭で考えて起こることではないんだよ。
それはぴっちゃんの運の流れを変えるサインのようなもの。
それを敏感にキャッチして、知ろうとすることから
運は変わり始めるんだ。ぴっちゃん！　理解できたかな。

ハーイ

よろしい！　好奇心を強くして、
気をひかれることをどんどん追及してみなさい。
「なぜか気になる」の連続が"運"を好転させていくよ。

あれ！
なんだろう？？

ぴっちゃんも"運"をどんどん磨いて、最強開運犬になろう！
そうしたら、もっともっと、
みんなの役にたつことができるから……。

さぁ〜
びっちゃんも
運を磨こう！

運のレベルには
1【迎運】2【招運】3【育運】4【開運】5【幸運】6【強運】
があるんだよ。
まず、運を招く前に運を迎えに行かないとね。

先生……、びっちゃんが考える"運"のレベルのイメージは……、
まず、**レベル1【迎運】**から……。

【迎運】開運法で"運"を迎えにいこう‼
まずは、おしゃれサロンだ！

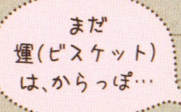

まだ
運（ビスケット）
は、からっぽ…

023

次は、レベル2【招運】"運"の種をまこう……。
番犬のお仕事を一生けんめいやったら、
ママやみんなが、頭をなでてくれました。

ビスケット
1個…

「まだまだ」だな！

　レベル3【育運】招いた運を大きく育てるのが育運です。
それには、まず風水で環境を整えること…。
ママ！　いつもびっちゃんのオモチャ片づけてくれてありがとう♪
毎日の感謝を忘れずに！

ちょっとだけ
ビスケット、
ふえた！！

024

レベル4 【開運】

招運で招いた運を、風水で育てたら
次はその運を使って「幸運」の扉を開こう……♪
開運するために必要なのは、気づきと発見！
今日も、「ワンワン」吠えるだけではダメ！　ということに
気づいたから、びっちゃんも"運"の扉が開いたかな？

あ!!
ビスケット！

たくさん
入ってる！

レベル5 【幸運】 開運の次は、幸運！

「運のいい状態」を持続することを「幸運」と呼びます。
いい運に巡り合えたら、その「幸運」を周りの犬(人)と
分かち合いましょう♪　びっちゃんもおやつを分かち合いま〜す。

わ〜
ビスケット

こんなに
食べきれないな！

レベル６【強運】

「招運」「育運」「開運」「幸運」を日々繰り返し、
運を練り上げ「強運」になろう…。
ここまできたら「運」のストックはなくならない。
次々いいことが起こる。
これで"運"も"おやつ"も、みんなに分けてあげられるね♥

山盛りビスケットだ！
みんなに
分けてあげよう！

びっちゃん…
今の運は
『レベル４【開運】』です。

びっちゃんも、レベル６【強運】まで早く上がれるよう努力をします。
これからも最強開運犬めざして、毎日がんばりま〜す♪
皆さんにもたくさんの幸運が訪れますように。

びっちゃん開運法 05

満月のパワーって、な〜に？

みなさ〜ん！ 満月にはすごいパワーがあるんですって！
知っていましたか？
びっちゃんは、知りませんでした。びっちゃんの住んでる養老は
満月がとてもきれいに見えますよ！
あ！ 満月？？ これびっちゃんなの！ 満月みたいでしょ。

びっちゃん満月

またまた先生に聞きました。

先生！

満月のパワーって
…な〜に？
どんなの？

では、教えよう。

びっちゃんにもわかるように教えて！

びっちゃん！　満月は見ているだけできれいでしょう。
そのきれいな満月から、たくさんの光のパワーが降り注いでいるから、
その満月のパワーをいっぱい受けると心が美しくなるんだよ。
だから、満月がくるたびに……ただ手を合わせて、
みんなの幸せを祈るんだよ……。

そうなんだ……。
自分のことじゃなく、みんなの幸せか……。
最近……びっちゃんは

おやつ
おやつ〜

ママ！

ほしい〜
食べたい〜

ワン！　ワン！　吠えて、ママに文句ばかり言っていたし、
おやつをもらえないと、怒っていたからなぁ〜。

びっちゃん、お外にはおやつももらえないニャンちゃんたちが
いることを忘れてるんじゃない？
自分のこと、よくみつめてごらん。

自分のことしか考えていなかった気がする。
これからは、満月の日は、幸せに感謝して、
びっちゃんもみんなの幸せを祈ることにしよう♪♪

びっちゃん！　よく気がついたね。偉いよ！
感謝は、毎日生活しているとつい忘れてしまいそうになるけど、
毎月、満月の日は全てに感謝をし、
みんなの幸せを祈る日にすれば、
びっちゃんも本当の開運犬になれるよ。
とにかく、忘れずに続けることが大切なんだよ。

びっちゃん！　満月は見えた？
今日は、びっちゃんに気づきがあって
ママは、本当に嬉しい♪♪
だから、ごほうびにびっちゃんの大事なアクセサリーに、
満月のパワーをたくさん入れてあげるよ。

え!?　ママ、それなに？

このさざれ水晶の上に、アクセサリーをのせて、
満月の見える窓辺に置けば、パワーがいっぱい入るんだよ。

すごい！
びっちゃんのパワーアクセサリーだ。
明日、つけてみよう！

どんな幸運が
やってくるかな？

満月さん…
ありがとう

びっちゃん、これからも忘れずに
満月の日は、お祈りするからね。
「みんなに幸せがやってきますように!!」
皆さんも、満月の日は、
家族やお友達、大切な人のためにお祈りしてくださいね。

びっちゃん開運法 06

瞑想を毎日取り入れる!?

さわやかでとても気持ちいい日だったので、
いつものようにお外を見ていたら

「びっちゃん、自然の景色を眺めて、いい瞑想になるね」って。
え! どういうこと? ママ……! 瞑想ってな〜に?

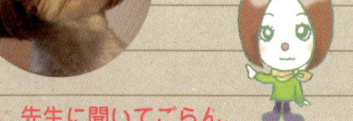

びっちゃん、先生に聞いてごらん。

先生! 瞑想ってな〜に? どうすること? びっちゃんでもできるの?

びっちゃん
瞑想中…

正座して、
半目にして…

びっちゃん！
瞑想とはね、心をからっぽにして、
なにも考えない状態を作ることで、
自分と向き合うトレーニングなんだよ。
瞑想状態になると、どことなく幸せな感じがしてきて、
なにかしらの"気づき"が必ず起こるんだよ。
びっちゃんもそんな風になったことあるでしょ。

そういえば……、
びっちゃんも、ちょっと気づくことがある♪♪

びっちゃん
となりのランちゃんに
Wan Wan 吠えて
意地悪しちゃった
なぁ〜

なんで吠えたのかな？
きょうはランちゃんが
きたら仲良くしよう！

そうだよ！ 心の奥から突然、答えがパッと浮かんできて、
様々な出来事の理由や意味、真実に気づくんだよ。
毎日のなかで何気なく、瞑想状態になることはあるんだ。

美しいものをみつめるなど……

なにかに心を奪われたり、見とれたりするとき

それは瞑想であるともいえるんだ。

先生！ こんなことも瞑想なの？ たとえば……

ときだったり……

おいしいものに心が奪われるときだったり……

いま！
瞑想してま〜す…

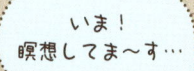

またまた、これも瞑想？

すやすや〜

びっちゃん！
それは寝てるだけでしょう。

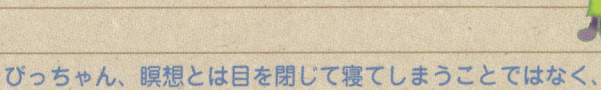

びっちゃん、瞑想とは目を閉じて寝てしまうことではなく、
瞑想とはノーマインドの状態のことだよ。
毎日の生活で、心から楽しめることや感動的なもの、
感激できること、うっとりすることを体験していけば、
瞑想状態は起こってくるんだよ。

①きれいな満月を眺めて、幸せな気持ちになる
②大好きなチョビ君と遊んで心がワクワクする
③おいしいイチゴを食べて、豊かな気持ちになる
④たくさんの鹿さんがいる自然の風景を見て、感激する
⑤チャンピオンになった、かっこいいバン君を見てウットリする

先生！ それなら、びっちゃんでもできそう……♪♪

びっちゃんも

wan!

きれいな景色を
眺めてみよう…

感動は、皆さんの一日の時間中にも
たくさんありますよね。
そこからたくさんの気づきを見つけ出しましょう。

びっちゃん開運法 07

ネガティブな気持ちを取り除くには

うちにはたくさんの本があるのに、
びっちゃん、本は読めないから……、びっちゃんの毎日は……

お外見て…

遊んで…

あ〜、
眠い……。

こんな日々ですが……、
びっちゃんも、ときには気持ちがドッと落ちこんだり、
不安な気持ちになったりします。
皆さんには、そんなときありませんか？

今日は…
ちょっと
落ち込んでいます…

そうだね。そういうとき誰でもあるよね。
でも、びっちゃん！
そうした後ろ向きの気持ちをいつまでも続けてしまうと
健康運をどんどん下げていってしまうんだよ。
ネガティブな気持ちが心の中にわき上がってきたときには

早く取り除くようにしないといけないよ。
後回しにすると、ネガティブな気持ちがどんどん大きくなって
取り除くことが大変になるからね。

> それじゃ…
> どうしたら
> いいの？

ネガティブな気持ちを取り除くためには、気分転換をすることが一番！
落ち込んだ気持ちを引きずったまま仕事を続けるよりも、
その気持ちを発散させるほうがはるかに運は良くなるからね。

そうか！
落ち込んだまま番犬のお仕事をしていてもダメなんだ。
では、びっちゃんの気分転換の方法とは……。

①大声を出す

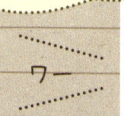

こんな感じ？

ワー

大きな声を出すと、胸につかえていたものがスッととれて、
心が軽くなるんだよ。びっちゃん、もっと大きな声で……。

ワー
ワ〜〜！！

邪気〜！
出ていって〜

そうそう、大声を出すことで、呼吸が深くなり
身体の中にたまっていた『邪気』がひとかたまりになって
一気に外に放出されるんだよ。

②元気の出るワンちゃんに会う

元気で勢いのある犬であれば、
運んできてくれる運も『幸運』なんだよ。

③深呼吸をする

吸う〜

吐く〜

浅い呼吸をしていると、落ち込みやすく、
呼吸が深くなると、気持ちが安定してくるんだよ。

④開き直る

びっちゃん、これならすぐできるかも……。

どうにでもなれ！

びっちゃんは、叱られてもめげないもんね

　　　　『どうにでもなれ』と開き直ることも、
　　　ひとつの解決法だからね……。びっちゃん得意でしょう。
　　　結局、ネガティブな感情とは、迷いの中にあるということ。
　　　そこから抜け出すには、迷いを断ち切ること……。
　　　　覚悟が決まると犬（人）も強くなれるんだよ。
　　　　その結果、スッと運命が開かれていくんだよ。
　　　　　　びっちゃん！　理解できたかな。

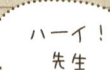

ハーイ！
先生

ボサボサ
びっちゃんが…

　　　びっちゃんには、これも気分転換で〜す。

可愛くなった
でしょう

　　皆さんも、落ち込んだときには、すぐ気分転換をしてくださいね。

びっちゃん開運法 08

自分の運命を受け入れ、幸運へ！

今日は、可愛い赤いボンボンをつけてもらいました。

後ろから見ても可愛いでしょ♪

せっかくオシャレをしたのに……♪

静電気が…

なに？これ？可愛いボンボンつけたのに…

オシャレするって、つらいなぁ〜

他にはびっちゃんのつらいことってなぁ〜に？
教えて。

043

たとえば……おやつを「待て！」と言われたとき。

早く
たべたいな！

おなか
すいたよ〜

ママが出かけて、ひとりで留守番してるとき。

暗くなった
のに…

ママ
まだかなぁ〜

びっちゃん！
犬（人）も生きていれば、
我慢しないといけないとき、淋しいとき、
思うようにならずつらいとき……など
うまくいかない状況に出くわすことがたびたびある。
そんなときは、ひたすら悩んだり、悪あがきをしたりせずに、
その状況を受け入れてみることだよ。
精神運を上げるにはまず「つらい」と思えるような

体験や状況、出来事などに対して
常に『逃げずに受け入れる』という姿勢をもつこと。

びっちゃんは…

そんなに簡単に
受け入れ
られない──

そういって、ひたすら嘆き続けても、「誰かのせいだ」と
他者への悪い感情をつのらせていくだけなんだよ。
でも、そうしてたらどんどん思考がネガティブな方向へ向かい、
深みにはまってしまうでしょ。
運は波のように動いている……。
今はうまくいかないことがあっても
その状態はずっと続く訳ではないんだよ。
そう考えれば、つらいことも踏ん張ることができるでしょ。

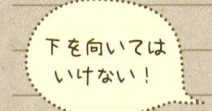

下を向いては
いけない！

つらいことがあっても
びっちゃんは
上を向いて歩こう

なぜなら、『幸運を見いだせる力』とは
『少し先に目を向けて、そこに明るい未来を想像できる力』
だから。

☆ 幸運を見いだす３つのポイント
① 焦らない

おやつのときも焦らず待つ！

> よだれ…
> 出てしまう。

② 嘆かない

留守番を嘆かない！

> 帰ってきたら
> おやつももらえるから
> ガマン、ガマン

③批判しない

怒って批判的な顔をしない！

別に…
怒ってるわけじゃ
ないけど！

だから、
そんな顔は
ダメでしょ

最後の「批判しない」は、どんな不運に陥っても
「人のせいにしてはいけない」ということ……。
大切なのは、少し先の幸運に意識を集中すること。
不安だけれど、期待もある。そうした考え方をもつことが
『不運を幸運に変えていく力』になっていくんだよ。

ハーイ！
①②③を
守りま〜す

自分の運命を受け入れる犬（人）は
『幸運を見いだせる力』をもっているからね。
先生は、これからのびっちゃんに期待しよう！

びっちゃん開運法 09

迎運!?　初詣で運をお迎えに……

２０１２年は辰年でしたね。

中身は
びっちゃんだよ♪

がお〜
がお〜

辰に見えますか？

先生、お正月には一番になにをしたら開運できるの？

新しい年の始まりには運をお迎えに初詣に出かけることだよ。

初詣に行ったら、どうしたらいいの？

教えて〜

まずお賽銭箱にお賽銭を入れる。
そのときの注意点は……、お願い事がたくさんある人は
ちょっと奮発しなきゃ……
びっちゃんが神様なら、
仕事、恋愛、将来、交通安全、家内安全から学業成就まで、
ありとあらゆるお願いごとを散々されて
ビスケット1個では淋しいでしょ。

お賽銭箱

※おやつをいっぱいお供えしてください……

びっちゃんが神様になったら、
おやつの量で差別しそうで、ママは怖いよ。

びっちゃんが神様なら手助けする気が起こるのは
どんなお願いかな？　先生に教えて！

「びっちゃんだけに
おやつくれたら…」

「びっちゃん神様は
いうこと
ききま〜す。」

それじゃダメ！

例えば……「お金持ちにしてください」ではなく、
「私をお金持ちにしてくださったら、恵まれない犬たち・猫たちの
ために手助けをします」とか……。
「恋を叶えてください」ではなく
「この恋を叶えてくださったら絶対に彼女やその家族を幸せにします」
そんなお願いなら、びっちゃん神様は
お願いを叶えてあげたくなるでしょう。
自分だけの私利私欲をぶつけたり、
頼みごとだけをするのではなく、
約束したり、決意表明をする。
それが正しい祈り方なんだよ。

初詣で約束や決意表明すると、いい氣をお家に招くことができ、
招運になるんだって♪♪

びっちゃんも
初詣で
招運するぞ～

運も、誰かのために一生懸命になれる人を応援します。

だから……いつもみたいに寝正月はだめだよ！

ｚｚｚ…

は～い

びっちゃん開運法 🐾 10

人生の"目的"と"目標"を!?

皆さんは初詣に行くと、なにか"お約束"をしますか？
びっちゃんは、
「びっちゃんに財運(おやつ&ジャーキー)をくれたら、
お友達にも必ずわけてあげるので、たくさん、たくさんください」
とお約束し、お願いしました。

ところで、びっちゃん！ 新年の目標はあるの？

びっちゃんは

家族がほしいな♪

そうです。びっちゃんの目標は良縁成就して家族をもつことです。

赤ちゃんがたくさん授かったらどうするの？
たくさんの赤ちゃんとは暮らせないでしょ。

たくさん生まれたら、可愛がってくれる人にもらってもらいます。
そして、そのお家の家族と絆を深めま〜す。もちろん開運犬です。

そうだね。自分は『なんのために生きるのか』という
"目的"をしっかりもち、
それに向かって日々行動するということが大切だからね。
"目的"とは、自分が生きていくための"方向"、
"目標"とは、その目的の場所にいち早くたどり着くために、
そのつど、設定する課題なんだよ。

びっちゃんには…

ちょっと難しいな〜

これを実現するために生きる！ という方向性が定まると、
びっちゃんにも自分でも信じられないくらいのパワーが出るよ。
「いったいなにをしたいんだろう……」と迷っているときは
なにをやっても力が出ないものなんだ。
自分の心の中をのぞいてみて「こういう人生を送りたい」という
イメージがあれば それが"人生の目的"だよ。

びっちゃんは、ときどき

「こうしたい」という思いがしぼみ始めるからな〜

そういうとき、誰でもあるよ。
目標に取り組みながら「目的が、あまりに実現が難しいな」と
目的に対する思いがしぼみはじめたら、
"目標"を書き換えてもいいんだよ。

でも、びっちゃんは、頑張る!!
ダルマさんにお約束しました。

実現したら、目を書きま〜す

大切なのは、
自分の中のパワーを維持できるようにしていくこと……。
目的と目標をうまく活用して、
自分の中にいつもパワーが満ちている限り、
つらい状況に"耐える力"も尽きてなくなることもないはずです。

びっちゃんもあきらめずに頑張ります!!

目標に向かって
ジャンプ！

びっちゃん開運法 🐾 11

幸運を育む知恵とツキを呼ぶ習慣

びっちゃんの住んでいる養老は、冬になるとたくさんの雪が降ります。

12月にはこんなに雪が降りました。
そんな日は、あったかいお家のなかが一番です。

寒そうだな…

お外に出たら
びっちゃん、
埋もれそう！

びっちゃん、最近はついているんです。
なぜかというとママにビスケットのおとし玉ももらいました♪♪
ついてる……ツキがある……月……!?
「ついてる」って、月と関係あるのかな？　先生、教えて！

びっちゃんには、難しいと思うけど、教えてあげよう！
月は人の脳に影響を与え、
特に時間と空間を越えたインスピレーションは
月の働きによって高まり、右脳に強く影響をする。
予知や予期、イメージする力、
これらはツキや運と強く結びついている。
月のパワーは満月と新月の前後がとても強い。
満月は成功するツキのパワーを強め、
新月は過去を終わらせるツキのパワーを強める。

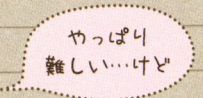

やっぱり難しい…けど

満月の日は、月に向かってお祈りすれば
ツキのパワーがたくさんもらえるんだ！

それだけじゃダメだよ！
ツキを呼ぶ習慣を身につけないといけないよ。
びっちゃんでもできそうなツキを呼ぶ習慣とは……。

①明日着る洋服は、前日に決める

明日は
コレ

びっちゃん
衣裳持ちでしょ
♪♪

びっちゃん、良縁を願うなら、ピンクのお洋服にしたほうがいいよ。

②自分のラッキーカラー＆ラッキーナンバーにこだわる

びっちゃんのラッキーカラーは

こだわりの
ピンクなの♥

③毎日5分間瞑想をする

う〜ん

④毎日笑う

びっちゃん

幸せで〜す♪

⑤きれいなものを見て感動する

きれいな自然の景色を見て…

感動！

皆さんもびっちゃんと一緒に実行してみてくださいね！

びっちゃん開運法 12

ガッカリ感は不運の素!?

びっちゃんの住む養老は山の中なので、
またまた雪がたくさん降りました。

ママ！
冷たいよ〜

びっちゃんの
生まれて初めての
体験です♥

びっちゃんは

やっぱり

お家の中で
見ているほうが
いいや！

ところで、ちょっとまえにネットで注文した龍のお洋服が、
イメージと違いちょっとガッカリ!!

似合うと
思ったのに…

びっちゃんの
お顔が
出ないんだもん!!

皆さんは、そういうことありませんか?
たとえば……びっちゃんだったら、
ママが買ってくれたビスケットがおいしそうに見えたのに

食べたら、
ちょっと!!

ガッカリ!!

先生が言いました。

おいしいと評判のお店に行ったのに、
店員のサービスが悪くて不快な思いをした……。
こういうことを経験した人は結構いると思うけど、
こんな日常で体験する"ガッカリ感"こそ不運の素。
いわば不運とは、ガッカリ感の連続体なんだよ。

> そうだったんだ…

> ショック!!

ガッカリしたとき、そのひとつひとつは原子のように小さいけど、
何度も失望するたびに、たくさんのガッカリ感は固まって
細胞になり、それでも、残念なことばかり続けば、
やがては体そのものがガッカリ感で埋め尽くされてしまうんだよ。

ガッカリ感を放置すると、やがて病気になり、
思考がどんどんネガティブな方向へと
引きずられていってしまうんだよ。

自分の中からネガティブを引き出す力というのは、
とても怖いんだよ。
迷いや焦り、失望、嫉妬、怒り、恐怖……。
そんな否定的な感情を、
いつまでも自分の中に居すわらせてはいけないよ。

びっちゃんもとにかく、否定的にならず
いい予感をいつも持っていると、運が引き寄せられるんだよ。

運に好かれる犬は
おやつがもらえず苦しいときもツイていないと感じるときでも

「最後には
何とかなる！」と…

ママはきっと
おいしいおやつを
くれる！と…
信じています

そうだね。その楽観的で、前向きな気持ちに引かれて
運はやってくるからね。

ガッカリの
あとは…

うれし〜

気持ちよ〜く
お昼寝で〜す♪

皆さんもびっちゃんみたいにひとつガッカリしたら、
ひとつ嬉しいことをして帳消しにしてくださ〜い！

運は貯金ができるの!?

この間降ったたくさんの雪もすっかり溶けましたよ。

春…♪♪
早くこないかなぁ〜

ところで、最近、ママがブタの貯金箱に
毎日、100円入れています。

ママ、どうしたの?

びっちゃんとお外のニャンちゃんたちの
"おやつ貯金"をしてるんだよ。

ラッキ〜♪

びっちゃんもたくさん"運"のお勉強したから、
運もお金のように貯金できるといいね！

えっ！　運も貯金できるの？？

先生に
聞いてみよう

そうだよ！　びっちゃん
"運"もお金と同じように、たくわえることができるんだよ。
お金は、賢く節約して貯金したり、資産運用など、

資産を増やす知識を身につけて、マネジメントすれば、
増やすことができるでしょ。"運"も同じなんだよ。
"運"を増やす方法を知り、上手く付き合うことで
"運"の口座にどんどん運が増えていくようになるんだよ。
先生はこれを"蓄運"と呼んでいる。
お金も使えばそれだけ減るでしょう。
"運"もあるだけ使えば残高はマイナスになる。
最近、びっちゃんはたくわえた"運"を
お友達に意地悪して使っていないかな？

ドキッ!!

なんで
わかるんだろう…

そういえばびっちゃん、この間お外で、
ご飯を食べてたネコちゃんにワンワン吠えて、
意地悪してたでしょ。ママ見てたよ。

"運"もあるだけ使えば、残高はマイナスになってしまうからね。
びっちゃんの"運の貯金"はマイナスになっていないかな？

マイナス…
マイナス…

思いあたること
あるかも

せっかく
ためたのに

それじゃ、先生、"運の貯金"の残高がなくなったら、
どうしたらいいの？

つまり、消費するのと同時進行で、増やすための努力が必要なんだよ。

ほんの少し運をたくわえる努力をしたくらいで
一夕、一朝いいことが起こるわけないでしょ。
毎日、コツコツと運をたくわえ、
"運をたくわえる器"いっぱいにたまって溢れ出てきたとき、
幸運な出来事が起こる……。
運をたくわえる器を大きく育てることが大切なんだよ。

> 運を
> たくわえる器？

> それって
> な〜に…

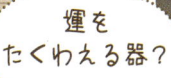

実は……"運をたくわえる器"の大小は、
その犬（人）の犬力（人間力）に比例するんだよ。
犬力（人間力）とは"犬徳（人徳）"であり、
つまりびっちゃんの場合は
"犬としての器"が大きいほど
"運をたくわえられる器"も大きく育ち、
たくさんの運を集めることができるということ。わかったかな！

ママが、ランちゃんに先におやつをあげたからといって
びっちゃんのように
怒ってばかりいたら運の貯金はたまらないでしょ。

「だって…」　「先にくれないから！」

でも……。こうして怒ってばかりいたら、
運が逃げて「貯金0」になってしまう。このままではダメだ。

びっちゃんはまず、"犬としての器"を大きくしなきゃ！

ママの言うとおり、犬としての器が大きくなるよう

「前向きに」　「びっちゃんの犬生を歩いていこう！」

そして、運が喜んでついてきてくれるように「犬徳」を磨こう！

びっちゃん開運法 14

"中身"を育てると運も育つ♪

びっちゃんの指定席はここで〜す。

窓からお外の景色もよく見えますよ……。
ところで、お花や植物はお水をあげると育つけど、
運はどうすれば育つんだろう？　先生！　びっちゃんに教えて。

びっちゃん！　よく聞いてね。
運を育てるためにはまず環境（風水）を整えること。

びっちゃんはもう……、
ママが片付けると散らかして！

071

あっ！
まずい…

びっちゃん
散らかしてる。

見つかっちゃった……。

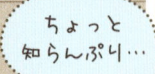

ちょっと
知らんぷり…

びっちゃんは、まず風水を整えることからスタートだね。
運を育てるために、もう一つ大切なことがある。
それは、びっちゃん自身の"中身"を育てること。
"中身"のない犬（人）と長く付き合いたいと思わないように、
運もそう思うんだよ。
どれだけ風水が整えられた環境が用意されていても、
その犬（人）自身が"中身"のない犬（人）だったら
運も好きにはなれないんだよ。
運を利用するびっちゃん自身に"中身"が必要なんだ。

ドキッ！

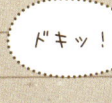

びっちゃんの"中身"？

ちなみに"中身"とは、実力のこと。
びっちゃんは先生から教えてもらったことを
いろいろ実行できているかな？

見て！見て！

びっちゃんきちんと「待て！」もできるよ♪

お行儀いいでしょ♪

お利口に言うこと聞けるのも
びっちゃんにとっては実力でしょ。

そうだね。でも、びっちゃんは『できたり、できなかったり』、
まだまだムラがあるから、
もっとしっかり実力を身につけないといけないよ。
運と実力は別のもので、どちらが欠けてもダメなんだよ。

実力はその犬（人）の"安定性"、
運は進む"方向性"を定めるんだ。
大きな力があっても、力を向ける矛先を間違えたり、
定まらないまま右往左往したりすれば、運命は停滞する。

そうか…
まだまだか〜

どのゴールを目指して進むかは明確なのに
ゴールまでの道のりに横たわる
数々の障害を乗り越えていくだけの力がなければ
目的地にはたどり着けないんだよ。理解できたかな！

びっちゃんの障害は……。

前が見えないよ！

いま、一番の
障害なの。
乗り越えるには

お洒落サロン、早く
連れて行ってください。
お願いします…

びっちゃん開運法 🐾 15

運を育てる"体質づくり"って!?

びっちゃんも土曜日と日曜日はお仕事がお休みなので

お家で
くつろいでるの！

でも……ときどき「ピンポーン」と、チャイムが鳴るので……、
せっかくくつろいでいるのに……と思いながら、
仕方なく、玄関に見に行きます。

誰ですか〜

土曜日も日曜日もびっちゃんは忙しいのよ！
だって、番犬のお仕事はお休みがないんだもん！

あ〜疲れた！

びっちゃん！　それがびっちゃんの松永家での役目なんだから、
グチグチ言ったらダメでしょ！
この前から、先生も言っているでしょ。
運を育てるには、「まず"中身"を育てなさい」って……。

先生！

どうしたら
"中身"が
育つの〜〜

教えて〜

それは、行動と考え方を変えることから始まるんだよ。
より正確に言うなら、
行動を変えることで考え方もまた自然と変わる。
たとえば、いつも肩をすぼめ、背中を丸めて、
うつむきながら生活している犬（人）は、
些細なことや取るに足らないことを、ウジウジと悩むようになる。
逆にいつも背筋を伸ばして、
胸を張る姿勢が習慣になっている犬（人）は、
ひどく思いつめることはないんだ。びっちゃんはどうかな？
胸を張る姿勢は、"悩めない体質"づくりになるんだよ。

　　　　　　　　先生！　見て。

いい姿勢でしょ！

びっちゃんは、まっすぐ立てますよ〜

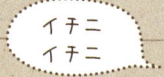

イチニイチニ

はりきって胸も張って歩いてみたけど……失敗したときは

びっちゃん自然とこうなる…

はぁ〜

そう、人は失敗したとき、傷ついたとき、
自然とうなだれてしまうね。
びっちゃん、顔を上げて胸を張ってみると、
悩もうとしても悩めないんだよ。やってごらん！

> ほんと！
> 胸を張ったら

> たしかに…
> 悩めない！

つまり、意識して姿勢を正し、胸を張れば、悩み事はなくなるんだよ。
いつまでも悩んでクヨクヨしていることがバカらしくなってくるはず。
こういうふうに、体の習慣が心を作るんだよ。
体の習慣を変えれば、心も変わる。
心の動きをコントロールすることができれば、
心をポジティブに保つことができ、運も育っていく。
これは日常の様々なところで活用できることだよ。

> これからは、
> びっちゃんも

> 心の動きを
> コントロール
> しなきゃ…！

習慣を変えることで、考え方が変わる。
びっちゃん、幸せになるために本当に必要なのは、
もっと日常に即した、とても根本的なことなんだ。

びっちゃんもこういう

不満そうな
顔は
やめよう

行動と考え方を変えよう！

びっちゃん、これからもママと楽しく暮らそうね。
毎日の積み重ねが大切なんだよ！

びっちゃん
これからは…
しっかり番犬のお仕事
しま～す。

見てて
くださ～い。

びっちゃん開運法 16

運も天下の回り物!?

この間、思いがけない喜びがありました。
なんと……「松永びすけっと様」って、プレゼントが届いたんで〜す。
ワーイ♪♪　びっくりです。なんだろう？

開けてみたら、びっちゃんの大好きなおやつです。

> 嬉しい！

> 早くたべたい
> なぁ〜

先生が言っていました。
サプライズには「犬（人）を喜ばせたい」気持ちが
たくさん詰まっているんですって……。
送ってくださった方、ありがとうございま〜す。
お友達にも分けてあげよう。

先生！ お菓子は分かち合うことができるけど、
運も分かち合うことはできるの？ 教えて！

そうだね。びっちゃん！ 運もみんなに分かち合えたらいいね。
と言っても、誰でもいいから手当たり次第に
運を分かち合えばいいというものではないんだよ。

どうして…？
どうしてなの？

ちょっとだけなら
分けてあげようかな

運を分かち合う相手は、いわば同志だから、
びっちゃんが同志と呼ぶにふさわしいと思える犬（人）
であることが肝心なんだよ。

同志って？

一体、どういう犬（人）
なら同志と
呼べるんだろう？

それは感謝に値する犬（人）。そして、自分を支援してくれる犬（人）のことだよ。
自分にとって大切な犬（人）たちに
恩返しをするような気持ちで運を分かち合うんだよ。
びっちゃんは、もしかして
『運をお裾分けするなんてもったいない』と考えてないかな？

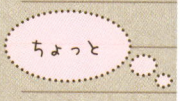

ちょっと

う～～ん バレちゃった。

びっちゃん、せっかく「努力」して「開運」まで漕ぎ着け、
運を味方にすることができたのに、なんで独り占めしてはいけないの？

そうだね！
自分が努力して"開運"したのに……と思う犬（人）もいるよね。
もしかして、びっちゃんもそう思っているでしょ！

エッ！

先生… なんで わかるの？

でも、それはとても視野の狭い考え方だよ。

びっちゃんは、開運犬なんだからもっと広い視点に立たないと。

恥ずかし〜

びっちゃんの幸運を周りの犬と分かち合えば、

その犬たちも一緒に運をよくすることができるんだ。

つまり、びっちゃんの周りには、幸せな犬、

おやつをたくさんもらえる犬、人脈のある犬、運のいい犬が、

たくさんいることになるんだよ。

そ〜なんだ

もしも、びっちゃんが大きな問題を抱えてしまったり、

毎日、ご飯やおやつがもらえない状況に陥っても、

幸せを分かち合った同志なのだから、

きっと誰かがびっちゃんに手を差し伸べ、
ご飯やおやつを分けてくれるよ。
誰でも、ときには"ツイてない時期"はある。

びっちゃんは

そんなとき、
寝るしかない…

びっちゃん！　そうじゃなくて、
その"あまりよくない時期"を早く抜け出すには、
『招運』や『育運』『開運』をコツコツ続けていくことが大事なんだよ。
それと同時に、周りにいる"運のいい犬(人)"に
助けを求めることで、運の調子を早く取り戻すことができる。
逆に、自分だけが幸運を独り占めしていたらどうなる？
きっと、びっちゃんの幸せをうらやむ犬や、
開運へ向かってるびっちゃんをねたむ犬が出てくるかもしれない。

ときには、大好きなチョビ君との絆が
途切れてしまうこともあるかもしれない。

085

それは絶対
イヤだよ〜

だから、分かち合わないとダメでしょ。
周りに幸せで運のいい犬（人）たちがたくさんいれば、
お互いに幸せが伝播し合い、幸運を交換し合って、
運のいい状態が続いていくんだよ。
運を分かち合うことは、巡り巡っていつか自分の元へ返ってくる。
びっちゃん！　わかったかな。

びっちゃん、これからは、今、食べたくないおやつを隠すのを
やめようね。お外のお友達にすぐ分けてあげるんだよ。

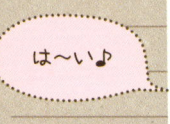

は〜い♪

運の分かち合いは"恩返し"。
大切な犬（人）と一緒に幸せになりましょう。

びっちゃん開運法 17

"縁"を"絆"に進化させられる人

ブログをはじめてから、びっちゃんは
たくさんの人たちと"縁"ができました。
●プレゼントを贈ってくれる人との縁……
●お手紙をくれる人との縁……
●メールを書いてくれる人との縁……
そんなときは、ありがとうをお伝えするためにお返事を書いてます。
でも、先生！　それだけで大丈夫？

びっちゃんすごいね。
たくさんの人たちと出会えたんだね。
でも……びっちゃんは、
『相手と出会う』ということが"縁"と思っているだろうけど、
出会いは、『縁を築く入り口』にしかすぎないんだよ。
びっちゃんが目指さなければいけないのは、
『良い縁を築いていく』こと。
たくさんの人たちと出会っていくことも大切だけど、
それ以上に、出会えた人と息の長い関係を築いていくことに、
もっと意識を向けていかないと……。

関係を築く…
それって
どうしたらいいの?

そのためには、
『最初は徹底的に与える、というスタンスで付き合っていく』
こと。
相手にこうしたら、こうして欲しいという、
見返りのようなものは一切期待せず、
ひたすら相手に協力していくんだよ。
びっちゃんは、「またなにかプレゼントが来ないかなぁ〜」
なんて期待してないかな?

びっちゃんの
考えてること…

また、
バレちゃった。

相手からなにかを得ようなどと考えてはいけないよ。

びっちゃんは、
なにを与えたら
いいの？

「縁」があった人に
与えるものがないよ！

そうだね。
「与えるといっても、自分には与えるものがなにひとつない」
と悩んでしまう人がいるかもしれない。
でも、そんなことはないよ。
びっちゃんに会ったなら『もう一度会いたい』と
思われるようになればいいんだ。
それには……"気づき"や"元気"、
そして、相手が必要としている"情報"の
どれかひとつを与えられる犬（人）になることだよ。♪

え、それでいいの？　それならびっちゃんにもできるかも。
びっちゃんは"開運犬"だから、
開運法も教えてあげられるし、元気もあげられる！

089

でも…
「気づき」は

まだまだ！
だからなぁ〜

びっちゃんは、自分のこと、よくわかっているね。
でも、このとき注意したいことは、
相手が求めているものを的確に見極めること。
相手が必要としないことをいくら一生懸命与えたところで
相手は嬉しくはないでしょ。
逆に、ありがた迷惑に感じるかもしれない。

そんなこと
あるの？

びっちゃんには
ちょっと
難しいな！

『相手はどんな情報を求めているのか』
『相手が必要としている気づきはどのようなものか』
『相手が嬉しくなるような元気づけ方とはどのようなものか』
相手が「してもらいたい」と思っていることを見極め、
それを的確に与えること。
ママがランちゃんにビスケットを分けてあげたぐらいで
悔しがっているようじゃ、
"縁"があっても"信頼"までは、まだまだだね。

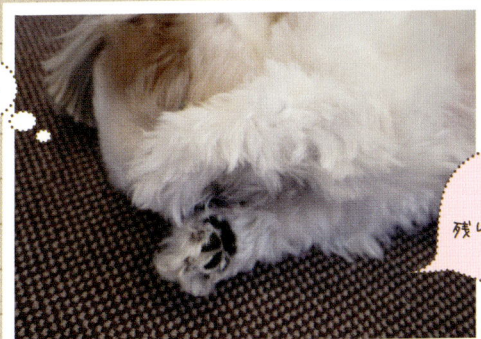

悲しいな〜

もらった
ビスケット
残り1コだったん
だもん…

ランちゃんがお外でビスケット欲しそうにしていたでしょう。
びっちゃんの場合は、与えるものがビスケットだけど、
人の場合は、与えるということは、利害関係ではなく、
相手に協力するというスタンスで続けなければいけない。
"信用"と"尊敬"がひとつになったとき
"信頼"は生まれるんだよ。

びっちゃんも

ビスケット1コで信頼をなくしたくないよ〜

"信頼"を得ることで、相手との"縁"が深まり、それがやがて"絆"になるんだよ。

これからも、びっちゃんは

たくさんの人たちと「絆」を深めたいです！よろしくお願いします。

好奇心を高めて"開運体質"へ

春になるとお外にも、たくさんのお花が咲いて、
木にも緑の葉っぱがいっぱいで、どこを見てもきれいですね。

> ほんとに
> きれいだな〜

びっちゃんは、このきれいな景色に心が奪われてしまいました。
もうひとつ……、びっちゃんには心を奪われてしまうものがあります。

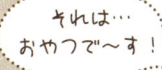

> それは…
> おやつで〜す!

> ママ!
> とどかないよ〜

ところで、心奪われるって……、どういうこと？
先生、教えてください。

びっちゃん、いいところに気がついたね。
自分の心がすべて奪われてしまったら、その瞬間が〝瞑想〟なんだ。
大好きなものを夢中で（ノーマインド）食べているとき、
それも瞑想なんだよ。

それじゃ、
これも瞑想なの？

そうだよ。でも、「なぜイチゴはおいしいのだろうか」とか、
「甘いのと酸っぱいのがあるけど、どうしてだろう」とか、
考えてしまったら、それは瞑想ではなくなるんだよ。
たとえば……びっちゃんがチョピ君に
「大好き、愛しています」と伝えたとき、
「なぜ愛しているのか」と問われたとたん、愛は冷めてしまう。

素敵な
チョビ君
です

理由がないのが愛の本質であって、
愛に理由があったり、条件があったりしたら、
それは本質ではない。
大好きなチョビ君をありのまま受け入れ、
無条件降伏するのが本物の愛であり、
愛するチョビ君をただ見つめることも瞑想になるんだよ。
先生も、びっちゃんを眺めているだけで、
とてもいい瞑想になっているんだよ。
『夢中になる』ということは、心が奪われてること！

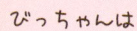

自分の心がすべて奪われてしまったら、その瞬間が瞑想なんだ。

だけど……　びっちゃんが一番、心奪われるのは

びっちゃん、それは瞑想ではなく、ただ、眠ってるだけでしょ。
びっちゃんは、いつも睡眠と瞑想を間違えるね……。

あっ！　そうだった。また間違えちゃった。

それと、好奇心の強い犬（人）は、
"開運体質"をもっているんだよ。
だから、好奇心の強い犬（人）ほど"開運"するんだ。
「おもしろそうだな」と思ったことには、
びっちゃんも、とにかく飛びついてみたらいい。

> びっちゃん
> これ
> 好きでしょ。

> ママ！
> なに持ってるの？

> ピーピー鳴って
> おもしろそう♪

びっちゃん！　早速、実行してるね。
新しいものを見たり、新しいことを始めると、
好奇心によって脳が活性化するんだよ。
先生が考えるいい犬生（人生）とは、
おもしろい楽しい犬生（人生）なんだ。

おもしろいことをいつも楽しんでいられる犬生（人生）が
一番幸せじゃないかな。
興味を引かれたことに次々チャレンジしていけば、
犬生（人生）は楽しい連続体になるんだよ。

びっちゃん開運法 🐾 19

恋をしている人のところには運が!?

お外には、きれいなお花がいっぱい咲いています。

お花はこんなにきれいなのに……　最近、びっちゃんは

> ときどき思います。

ハア〜

>「このままでいいのかなぁ〜」って

ママはそんなことない?
「このままでいいのかな〜」って思うときない?

ママもあるある。

先生……そんなとき、どうしたらいいの？　びっちゃんに教えて！

びっちゃん！　人生には何度か、方向転換すべきときがあるんだ。
このままじゃいけないと思ったら、
びっちゃんも、自分の犬生（人生）が変化するときがきている。
それに気づけるかどうかも、"開運" できるかどうかの差なんだよ。
絶好のタイミングで、最善のかじ取りができれば、
人生の航路は穏やかに幸せへと突き進めるんだ。

びっちゃんは
そのタイミングを
逃したくない！

でも、どうすれば
変化のときを
見極められるの？

それはね、『自分に一番足りないものはなにか』に気づいたとき。

ビク！

気づき…！
足りないもの！

びっちゃんが、人生の方向を変えるのは、
足りないなにかに気づいたときなんだ。

知らん顔は
得意だけど…
気づきはなぁ〜

びっちゃんの
足りない…
なにか？

テレビなどで、野球の試合やサッカーの試合を見ていると、
延長戦に入ったとき、俄然おもしろさが倍増するでしょ。
なぜなら、どちらが勝つかという
不確実性がさらに増してくるからなんだ。
たとえば……びっちゃんのチョビ君への恋も、不確かなものだから、
毎日チョビ君のことを考えてドキドキしたり、不安になったり、
幸せを感じたり……忙しいでしょ。

先生、
そうなのよ！

びっちゃんの
あこがれのチョビ君
かっこいいでしょ♥
韓流スターみたい
でしょ♥

びっちゃんもチョビ君と恋人同士でいるほうが不確かでしょ。
もしも、もしもだよ、びっちゃんがチョビ君と結婚したら
そうはいかない。

エッ！
どうして〜

結婚して数年間は、相手の新たな一面を発見したり、
お互いの生活習慣の違いを知ったり、
新しい生活に日々飽きることはないよね。
それは、不確実性に満ちているんだ。
ところが、10年も15年も結婚生活が続けば、
目新しい出来事もなくなり、毎日変わりばえしない。
そういうとき、運は停滞しているんだよ。

> そんなふうに なってしまうの？

> 困ったな！ 運の停滞も困るし…

> チョビ君のことも 困った…困った…

びっちゃん！ 嘆かない、嘆かない！
そこで、「このままでいいのだろうか」「こんなはずじゃなかった」
と気づいたときに、人生の転換期が訪れたりするんだよ。
その結果が"チョビ君との別れ"であっても、
もう一度、チョビ君への愛情の再確認であっても、
変化のあとには幸せな毎日が待っているんだよ。

先生！
本当にそう？

変化を起こしたら
幸せな日々が、
待っているのかな…！

"不確実性"のあるところには、必ず運がある。

びっちゃんに
足りない
気づき…

変化にそなえて、
とにかく寝よう

エネルギーを
たくわえなきゃ…

「今の自分で本当にいいの？」
と気づいたときが開運するチャンスです。
チャンスを逃さないでね。

びっちゃん開運法 🐾 20

ほめることとおだてることの違い

この間、お外を見て、
いつものように番犬のお仕事をしていたら……。

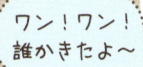

ワン！ワン！
誰かきたよ〜

ママが電話中だったので
「びっちゃんうるさいでしょ」って叱られました。

びっちゃんは、
自分のお仕事
しただけなのに…

びっちゃん！
でも、電話中はダメよ。大事なお話してるんだから……。
びっちゃんのワンワンでなにも聞こえないでしょ！

この間、お家でママは「番犬ありがとう」って、
ほめてくれたのに……。

びっちゃん、それは、時と場合によるでしょ。
びっちゃんは、いい子いい子すると、すぐ調子にのっちゃうんだから！
ママも困っちゃうよ。

先生！

びっちゃんは、
ほめられたの？
それとも
おだてられたの？

びっちゃん、いい質問だね。
"ほめる"ことと"おだてる"ことの違いを教えてあげよう！
これはあくまでも、びっちゃんのように
『ほめられる側』ではなく『ほめる側』の話だよ。

106

先生…

　　　　　　　　　　　　　　びっちゃんは
　　　　　　　　　　　　　　一生懸命番犬の
　　　　　　　　　　　　　　お仕事したんだよ。

　　　　わかったよ。だから……びっちゃん、
　　　　ふてくされてないでよく聞いてね。
　　ほめられれば、確かに気分はよくなり、脳も気持ちよくなる。
　　　上手にほめることができれば、相手を喜ばせことができ、
　　　　　　　最適な"分かち合い"となる。
　　　ただし、ほめる側には、賢さと高い技術が求めらる。

それでも…
びっちゃんは

　　　　　　　　　　　　　　　　　ほめられ
　　　　　　　　　　　　　　　　　たいよ〜

　たとえば、びっちゃんの才能を伸ばすためにほめるのではなく、
　　びっちゃんを利用しようという思惑があってほめるなら、
　　　　　　それは単なるおだてなんだよ。

人の場合……、塾の生徒をほめたら成績が伸びる、
社員をほめたら会社の業績が伸びる、
そういう結果が導き出せたとしても、
本当にその人の人生を考えたうえでほめたかどうかが
一番大切なことなんだよ。

そうだよね！

ママも、びっちゃんの才能を伸ばすためにほめてくれるんだ。

もちろん、ほめて能力を伸ばすという方法もあるけど。
これはほめる相手を見極めてやらないと、
ときにはエゴを増長することになりかねない。
びっちゃんは大丈夫かな？

びっちゃん
ほめられると
ちょっと
エゴが出そう！

そうだよ。ほめる技術はとても難しいんだ。

そして、ほめられると

簡単に調子にのってしまう犬（人）もいるかもしれない。

ほめられたことだけを信じて増長し、不運に転ぶ場合もあるんだよ。

おべっかを使えば使うほど、

自分と相手の運を下げてしまうことにもなるんだ。

びっちゃんも気をつけよう！

"ほめる"ことと"おだてる"ことの違いは……、

"おだてる"ときには、下心があり敬意がない。

"ほめる"ときには、下心がなく敬意がある。

心から感心したときや感動したときにほめるのが、

正しいほめ方なんだよ。

びっちゃん、違いがわかったかな。

心のこもった賛辞は運を分かち合うことにつながります。

ぬいぐるみさん
いつも…

びっちゃんと
遊んでくれて
ありがとう！

びっちゃん開運法 🐾 21

人のために運を使うと"幸運"は!?

びっちゃんのお家のお庭の木……。

この間まで、木の枝だけだったのに

緑の葉っぱでいっぱいになりましたよ。
びっちゃんのお家から見える景色、お空も青くてきれいでしょ!

「びっちゃんは、こんなにいい景色のところに住めて運がいいね」
って……先生によく言われます。
先生！　びっちゃんは幸運だよね。だけどもっとたくさん学んで

幸運！
幸運！

もっと、もっと
「幸運」に
なればいいの？

びっちゃん、みんなはそう思っているけど、それは違うんだよ。
逆に、幸運は『ため込みすぎ』てはいけないんだ。

エッ！！

どうして！
どうしてなの？

びっちゃんにもわかるように教えて！

びっちゃん、よく聞いてね。
例えば、警察犬（お仕事）で大成功した犬（人）がいたとする。
おやつや勲章・アクセサリーなど（資産）が一気に増え、
家族も増え、犬脈（人脈）も広がり、
豪華な犬小屋（マイホーム）を手に入れるなど、
まさに人生は順風万帆……。
ところが、幸せの絶頂を迎えた途端にお仕事で失敗したり、
うまくいかなくなったり、家族に突然不幸な出来事が起きたり、
災難が降りかかってきたりと、
あっという間に、その栄華が終わってしまう……
なんてことがよくあるんだ。
びっちゃんの周りにはそんな犬（人）いないかな？

びっちゃんは
内心自分の
ことが心配

びっちゃんは欲張りだから、おもちゃと一緒で、
幸運もたくさん、たくさん欲しいな………。

「し〜らない!」

「ママ！もっとぬいぐるみちょうだいよ。」

ちょっと待って！
びっちゃんのように『幸運をため込む』ことにやっきになる場合、
これを"運"の観点から分析すると、
その"ため込んだ運"が自分の知らない間に
"邪気"に変わってしまってることがあるんだ。

「エッ！邪気？」

「それは困る〜！」

びっちゃんが、贈り物でいただいた高級なおやつの数々を
「自分だけでは食べきれないからためられるだけためておこう」
と……大事にずっとしまっておいたらどうなる？

「さぁ、食べよう」と思ったときには、
カビがはえたり、腐ってしまっているでしょ。
たとえ高級なおやつでも、腐ってしまえば価値はゼロ。
無理矢理、食べれば身体を壊してしまう。
"有益"なものも、ため込んでおくだけでは
逆に"有害"なものに変わってしまうんだ。

ショック
ワンちゃん…

立ち直れない
くらい

こんなふうに、幸運もひたすらため込むだけでは
いつしか"邪気"に変わり、
びっちゃんに不運をもたらすようになるんだよ。
運を『ため込みすぎ』てはいけない……。

そしたら、先生、

幸運を長く維持するにはどうしたらいいの?

それには、『運を使っていく』ことが大事なんだ。
"ためること"よりも"使うこと"を意識することが、
運をマネージメントする際には覚えておく必要があるんだ。
ただし、注意することは、使うのは"自分のため"ではなく
"他人のため""世の中のため"にだよ。
自分のためだけに一生懸命使うのは、
ためていることとあまり変わらないでしょ。

そうか……世の中のためには無理でも

つよく心に決めよう

やっぱりおやつは他のワンちゃんにも分けてあげよう!

運を上手にマネージメントしていくためには、
ため込まず、世の中のためになることに使っていくんだよ。
そして、よいご縁があったら、自分から積極的に犬（人）と犬（人）
を引き合わせる役目を引き受けるなどして還元すること。

まかせて！

よい情報をもらったなら、
同じようにそれを必要とする人たちに伝えていくこと。
あるいは、自分がもつ有用な情報をどんどん周りの人たちに
発信していくこと、など。
びっちゃんは理解できたかな？

は〜い♪先生

ありがとう！

びっちゃんはこれから
もっとおやつの幸運を
分けてあげるからね♪

びっちゃん開運法 22

運に好かれるための人間力の磨き方

皆さんは、パワースポットって知っていますか?
びっちゃんは、そんな場所にまだ行ったことがありません。

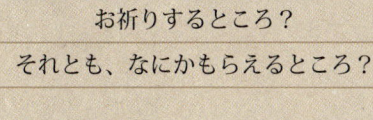

> 先生!
> パワースポットって
> な〜に?

お祈りするところ?
それとも、なにかもらえるところ?

パワースポットとは、"意識が変容する場"。
言い換えれば、意識を変える力がパワースポットにはあるんだよ。
昔から霊山はパワースポットと言われている。
先生お勧めのパワースポットは、
高野山、吉野山、大峰山、養老山だよ。

117

意識を変える力？

え！　養老山

そうなんだ。

びっちゃんは、毎日パワースポットを眺めていたんだ。だけど……。

> そのわりには、なかなか気づきが起きないなあ〜

そうだね。
パワースポットを毎日眺めているのに、
びっちゃんの意識はあんまり変わんないね。

> ママ！ひど〜い

> でも、事実かも…

びっちゃんは養老霊山の氣を

毎日、毎日、たくさん受けてるから……、

きっと、すごい開運犬になれるも〜ん！

びっちゃんの気持ちはよくわかった。
だけど、パワースポットに行く前に
知っておくべき大切なことがあるんだ。
それは、運が
「この犬（人）なら力になってあげたい」
と自分についてきてくれるように、
犬力（人間力）を磨いておく必要があるということ。
運も犬（人）を見るんだ。

そうなの！
運もびっちゃんを
見るの？

困ったな！！

そうだよ。手を貸した結果、
その犬（人）がどんなことを実現するのかを想像するんだ。
簡単に言えば、犬（人）を幸せにできる犬（人）かどうかを
運は見ているんだよ。
運が喜んでついてきてくれるように
皆さんは、人間力を磨いてください。
びっちゃんは、犬力を磨くんだよ。

それにはまず、できる限り人に尽くしてください。
といっても身を削るような無理をする必要はありません。
余裕があるときに、できる範囲で
人のためになにかできないかを考え、実行することです。

> びっちゃんは…

> なにができるんだろう？

いつも教えてるように、たとえば、思いがけず、びっちゃんに
おやつのプレゼントが届いたときには……、
お友達にも分けてあげること！
みんなに喜んでもらうと、その分だけ運がたまってくるんだ。
そして「ありがとう」と笑顔で言ってもらえたら、
その分、運のたくわえが増えていくんだよ。
ただそのとき、びっちゃんのなかで
「運をためるために」とか「自分がよく思われたい」
などと考えて、意図的に与えたり、親切にしたりしようとすれば、
運は敏感にその打算的な心を察知して離れていくんだ。

「本当かな」

「運はたくわえたいけど
そんなこと絶対
ない、ない。」

びっちゃんは、本当に大丈夫かな？

運との間では、ギブ・アンド・テイクは成立しないんだ。

運に好かれる犬（人）はみな

〝ギブ・アンド・ギブ〟を自然と行える犬（人）。

運がたまるのは、あくまでも行動の結果なんだよ。

「養老の
パワースポットは」

「びっちゃんに力を
貸したいと
思ってくれるかな？」

人に尽くし、優しくすることで自分自身が喜びを得られたとき、

運はあなたのそばにいます。

もう一つ心得ておくべきは

運が最悪の状況にあるときも、運をためるようにすること……。

121

悪い状況のときに
運をためるなんて

無理！無理！
余裕ないもん

だけど、びっちゃんみたいになんでも決めつけるのはよくないよ。
前にもびっちゃんに言ったけど、生きていれば、
なにをやってもうまくいかないときは誰にでもあるんだ。
そんなとき、無理をしてまで人の役に立とうとすると
余計に不運のスパイラルから逃げられなくなる。

そうなのよ！

思い当たること
ある！ある！

びっちゃん！　ここが重要だよ。だからと言って
不運であることを自分勝手に言い訳してはいけない。
自分が得する方法ばかり考えてはいけないんだよ。

びっちゃん、そんなずるいこと、考えてないも〜ん！

苦しいときだからこそ、人と分かち合える方法を考えなきゃ！
一個のパンを半分ずつ分け合って食べる。
びっちゃんできるかな？

> びっちゃん
> そんなこと
> 考えてないもーん

ほんと？　コンビニエンスストアで買い物をしたときに出た
おつり３円分だけ募金をする。それ位のことでいいんだよ。
大切なのは、「独り占めしたい」「自分だけ得をしたい」という
エゴを捨てること……。

エゴってな〜に？

エゴとは、欲望というエネルギーが、
間違った方向へ働いているために出てくるもので、
運を遠ざけてしまうんだ。

逆に考えれば、エゴを捨て、
エネルギーを正しい方向へ修正してあげることができれば、
去っていった運を取り戻すことができるんだよ。
びっちゃんは、理解できたかな。

> エゴを捨てるのは
> 難しいんだけど！

> うーん
> できるかな！

運がいいときも悪いときも
"招運すること""運をためること"を休まず続けることが
運に好かれる人になる秘訣なんだよ。

どうせまた、びっちゃんは一人で
おやつたくさん食べてる夢を見てるに決まってる。

"もう お腹いっぱい"

びっちゃんもお昼寝ばかりしていないで
ちゃんとお仕事しなきゃ。

そうだ！　びっちゃんは、お昼寝ばかりしてちゃいけないんだ。
今日も明日も明後日も……
"招運"は毎日続けよう！　だって、びっちゃんのそばには……
パワースポットがあるんだ！
皆さんも"人間力"を磨いてパワースポットに応援してもらってね。

"びっちゃんも しっかり火力を 磨きまーす！"

びっちゃん開運法 🐾 23

運を活かすことができる人って !?

びっちゃんは今、犬生（人生）の大海原を帆船に乗って
航海している真っ只中です。
どちらの方向へ向かうか、目的地をどこに定めるのか、
すべてはびっちゃん次第です。

先生、なに？　どうしたの？

そんなこと
突然、
言われても…

びっちゃんは、お家でお昼寝してるんだけど

そんな
難しい話は

聞ける状態
じゃな〜い

びっちゃんは、お昼寝ばかり……
でも、それはリラックスしすぎ！　ママはちょっと恥ずかしいよ。
先生のお話は、ちゃんと聞かないとダメでしょ。

ちゃんと聞きます。

先生ごめんなさい

よろしい！
びっちゃん、犬生（人生）とは、大海原を目的地に向かい、
航海しているようなものなんだよ。
犬生（人生）という名の航海を穏やかに回り道することなく、
目的地へと最短距離で進むためには、
船をほどよいスピードで後押ししてくれる
"追い風"が欠かせないんだ。
つまり、この"追い風"こそが運なんだよ。

いい気持ち〜

追い風ってコレ？
窓を開けると入る風のこと？

127

びっちゃん！　それは向かい風だよ。ただの風……。
びっちゃんのせいで話がそれちゃったけど……もとに戻すよ。
いい追い風が吹くだけでは航海がスムーズにいくとは限らないんだ。
もし、その風を受ける帆がなかったら？
そもそも"追い風"が吹いてきたことにびっちゃんが気づけなかったら？
せっかくの"運"が水の泡でしょ。この"帆"はびっちゃん自身なんだ。

> そうか！
> びっちゃんは

> 帆だったんだ！

つまり"運"を活かせるだけの"実力"や"戦略"がない犬（人）は、
せっかくの"運"も活かすことができないんだよ。

じゃ、どんな犬（人）が"追い風"を味方につけられるの？　先生！

> 教えてください
> お願いします

> そんな
> 大事なことは
> 頭を下げてでも
> 絶対、聞かなきゃ

128

びっちゃんが、本気で知りたいなら少しだけ教えてあげよう。
運を活かすことができる犬（人）とは

＊一見すると「偶然」にしか見えないことの中に
「チャンス」を見いだし、それをつかんだら即行動を起こす。

> びっちゃんは

> チャンスはわかるけど、即行動ができないからなぁ〜

＊不運な出来事も、幸運に変えてしまう
「賢明さ」と「内面の強さ」がある。
＊辛い経験や悲しい記憶を引きずらない。
＊楽観的で、少々の不安やトラブル、ストレスに負けない。

> びっちゃん雷だけは泣けるほど怖いからなぁ〜

> 雷のストレスには負けちゃうのよ！

＊自分を成長させてくれる犬（人）との関係を大切にしている。

129

＊いつも未来への幸せな予感にワクワクして胸を躍らせている。

（子供たち…）

＊たくさんの人と出会うことでチャンスを広げている。

"運"を活かすことができる犬（人）とはこのような犬（人）なんだ。
その犬（人）の性格や考え方、物事の受け止め方によって、
やって来た『運』を絶好のチャンスに変えることもできれば、
まったく活かせず無駄にしてしまう場合もあるんだよ。
びっちゃん、ちゃんと理解できたかな？

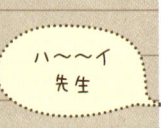

（ハ〜〜イ 先生）

最後に、いい"運"をつかまえる前に
びっちゃんの犬力（人間力）をアップさせようね！

びっちゃん開運法 🐾 24

感情のコントロールは仕事運の鍵!?

感情ってコントロールできるのかな！
びっちゃんの感情は顔に出ます。

怒り…　　　不満…　　　がっかり…

疑い…　　　イライラ…　　　穏やか…

びっちゃん！
びっちゃんは、自分の感情をコントロールできているかな？
特に女性の場合、感情をコントロールできることは、
仕事運に大きく影響するんだよ。
びっちゃんも番犬のお仕事で感情のむくままに、
ワンワン吠えたらうるさいだけでしょ！

> びっちゃん
> そんなふうに
> してないもん！

そう言われても、先生にはびっちゃんが怒ってるように見えるよ！
びっちゃん、もっと素直にならなきゃ。
感情をコントロールするとは、ただ感情を抑圧することではなく、
その場に応じて意識的に調節ができるということなんだよ。

落ち着いて！　落ち着いて！
ただワンワン吠えるだけじゃダメなんだ。

> みんな〜
> ヤマトさんが
> 来ましたよ〜

wan..

> こんな感じ
> かしら…

人間の場合はね……たとえば、有能な女性実業家の人などは、
ここぞというときは、バンと感情をぶつけて相手を圧倒するけど、
抑えるべきと思ったら、パッと引いて、
にっこりほほ笑んでみせたりするんだ。
感情だけで突っ走らずに、むしろ感情をうまく使って、
人の心をつかむことができるんだ。

> 感情をうまく
> 使うなんて
> びっちゃんには
> 難しい！

感情の向くままに動く女性は、
仕事運の要である人間関係で衝突したり……

せっかく実力があっても、
感情に負けて"運"を下げることも少なくないんだよ。
そもそも女性は男性よりも
インスピレーションで行動できるから、感情をプラスに活かせば、
思いがけない成功を収められるんだよ。
それに、これからは、女性がますます活躍する時代なんだ。

女性……びっちゃんも女性だった。

> でも、このままでは
> チビ岳君との
> 関係も良くならないし
> 実力もつかないし…

> 運も
> 下げたくない
> からなぁ〜…

女性の時代なのに感情が邪魔をする〜

> イラッ！

> ウンザリ！

女性だから、びっちゃんにもチャンスがきっとある！
だから、ふてくされてないで、
そんなときは、どうしたらいいか、素直に先生に聞きなさい。

思わずムッときたり、イラッときたり、うんざりするときは、
ウォーキングをするんだよ。いわゆる気分転換をするんだ。
ウォーキングをするということは、場所を変えるだけでなく、
歩いて移動することで"氣"がすっと変わるんだ。
オフィスの階段を上り下りしたり
可能なら外に出て近辺をぐるりと歩く。
そうしてしばらく歩き続けながら
イライラのもとについて考えるんだよ。
これが歩く瞑想なんだ。

ハア
ハア

先生！
こんな感じで
いい…？

運動じゃないんだから、ただ階段を昇っているだけじゃダメ！
じっくり集中して考えながら歩くことで、
だんだん頭がクールダウンしてくるんだ。
歩くことは整理や分析の脳である前頭葉の活性になるためなんだ。
気持ちを鎮めるのはもちろん、
対処なども冷静に考えることができるようになるよ。

ストレスをためることは
仕事の能率も仕事運も下げる大敵です。

びっちゃんも、
歩きながら考えて

氣を変え
冷静になろう！

びっちゃん開運法 🐾 25

絶不調から抜け出したいとき

夏はびっちゃんには大変な季節。
世の中はＥＣＯでクールビズなのに……

> びっちゃんは
> 毛皮着てるんです

> お洒落サロンで毛を
> カットしても
> 毛皮を着てることに
> 変わりはないんです

でも、これはびっちゃんの運命だから、
素直に受け入れなくちゃ……。
夏が暑いのは当たり前！
暑い！　暑い！　ばかり言わないようにしようっと……。
……と思いつつも

なんで毛皮着てるんだろう……と悩み始めたら

どうしたら
いいの？

この疑問から
抜け出せなくなった
びっちゃんです！

不調！　こんなときどうしたらいいんだろう？

びっちゃん！　運が悪いとき。絶不調のとき。ツキのないとき。
どうもうまくいかないなぁ〜という時期が長く続いたときこそ、
運に好かれる人とそうでない人の差が見えてくるときなんだ。
びっちゃんのは、不運というよりも
びっちゃんがあるがままを受け入れられないことに
問題があるんだよ！
不運の場合は違う！　不運が続くということは
不運になりそうな気配を感じられない
"鈍感な犬（人）"だということなんだよ。
びっちゃんは大丈夫かな？

鈍感!?

思わず
ゴクッ！

そういう犬（人）は、不運の気配を感じ取る力を高める必要があるんだ。

またまた、
びっちゃんには
難題だ！

"運を感じる力"か……
最近、先生は難しいことばかりびっちゃんに言うのよ。

"運を感じる力"を高めておけば、
たとえ目前の不運を避けることができなかったとしても
不運が長く続くことはないんだ。
短期間で終わらせることができるんだよ。

じゃ！　先生

> 一体なにをすれば
> "運を感じる力"
> が高まるの？

ひとつは、ツイていないときこそ、

自分の犬力（人間力）を高める努力をすること。

そのために"感謝"をすること。

ツイていないときに一番やるべきことは、

「ありがとう」の気持ちを持つことなんだ。

今までお世話になった人に

あらためて感謝する気持ちを伝えてもいいし……。

ただ、心に強く思うだけでも構わないんだよ。

もっと身近なところで、

コンビニのレジで対応してくれた店員さんに……、

仕事でちょっとした雑事を引き受けてくれた部下に……、

食事を用意してくれた家族に……

「ありがとう」を伝える。

それを意識的にやってみてごらん。びっちゃんはできるかな？

もちろん！
びっちゃんは、み～んなにいっぱい、いっぱい感謝しています。

みなさ～ん

いつもありがとうございます

びっちゃん、よくできたね。心から皆さんに感謝を伝えないとね。
次に必要なのは、忍耐力を養うこと！

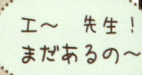

エ～ 先生！まだあるの～

体ではなく、心の忍耐力が必要なんだ。
つらいときを耐えられるだけの心の強さを身につけておくんだよ。
耐えれば耐えるほど、
つらい時期を乗り越えたときの喜びは大きいものなんだ。

「忍耐力かぁ〜」

「びっちゃんは我慢が苦手だから…」

ちょっとつらい修行だけど……、
その"乗り越えた瞬間"の嬉しいイメージを
何度も頭の中で繰り返すんだよ。
いいイメージを反復することによって心の忍耐力は鍛えられるんだ。

「耐えて！耐えて！食べた瞬間の喜びをイメージしなきゃ♪」

もうひとつ大事なことがあるんだ。
いいかな、まず、運に好かれる"一流の犬（人）"は、
自分がツイていないときにみな同じような行動をとるんだ。

それって
なにするの？

ツイてないときの
行動って？

それはね……
ツイている犬（人）に会いに行く！　こと。
これは、簡単なことだけど、とても大事なことなんだ。

それって、
運じゃなく
実力かな？

君はどう思う？

ぴっちゃん、ふざけてないでよく聞いてね。
不思議なことに、たいていのツイていない犬（人）は、
やはりツイていない犬（人）といつもいつも会っている。
結果、マイナスの相乗効果が起きて不運が長期化するんだよ。

たとえば、自分にお金がなくて困っているとき、
お金のない他人の力になろうとすれば、
そこから抜け出せなくなる。
泳げないのに、溺れている人を助けようとするようなもの。
事態を悪化させるだけ……。

先生、それって、びっちゃんのこと？
そうです。実は……浮輪がないと水に入れません。

びっちゃん、話の続きをするよ。

びっちゃんに起こっている事態を悪化させないためには……

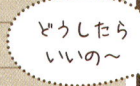

どうしたら
いいの〜

だから、そういうときはね、
豊かな人に"運"を分けてもらうために……、
豊かな人にだけ目を向けるようにする。
そうして、自分が豊かになって初めて、
困ってる人の助けになれる。
自分がツイてないときは、"運のいい人"と積極的に出会うこと。
素早く立ち直るには、
"運のいい人"たちがたくさんいるところが一番！
自分の運氣をいっぱいためて、
今度は自分が、その運氣を分けてあげるんだよ。

はーい
先生！

今日もたくさん
お勉強
できました

びっちゃん開運法 26

"感動する力"を高めると運が！？

今日、ママは朝からお庭の草刈りです。
暑いのに、ママ、頑張ってる！　大変だなぁ〜。
お手伝いしたいけど、なんて……ちょっとだけ思ったけど、

やっぱり暑いし、知らん顔してようかな…

なんて、遠目に見ていたらママ、暗くなるまで頑張っていた。

びっちゃん反省です

ママ！　頑張ってるのに、
びっちゃん、応援もしないで、知らん顔していてごめんなさい。

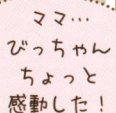

> ママ…
> びっちゃん
> ちょっと
> 感動した！

> もう
> 少しだから
> がんばれ〜

びっちゃんみたいに、ちょっとでもずるしようと、
そういう気持ちを持つことが不運を呼んでしまうんだよ。
びっちゃん！　気づいたかな。
そんな不運な流れに捕らわれている自分自身に気づいたら、
そこから抜け出すために、
"感動する力"を高める努力をしなきゃ。

> 感動する力は
> どうしたら
> 高まるの？

一番効果的なのは、たくさん感動すること。
美しい風景、雄大な自然、不思議な空間に
迷い込んだような気分にさせるパワースポット、
また、心を揺さぶるような感動的な映画を見るのもいいんだ。
感動できる心に、不運は入り込むことができないんだよ。
同時に、体にも起伏をつけなくてはいけない。

びっちゃんは雄大な自然の中に住んでいます。

鹿さんも遊びにきます。

そうなんです。
びっちゃんは、こんなに感動するところに住んでいるんです。

なのになぜ〜

机に座って考えるより、外を歩きながら考えること。
びっちゃんのように、寝そべりながら知恵を絞るなど
論外だよ。

ビクッ！

身体を動かしながら考えると、
脳が活性化して驚くほどアイデアが湧いてくるんだ。
先生はこれを修験道の回峰行で会得したんだ。
人生について、自分自身について、他人について、
歩きながらひたすら考えることで、その答えを求められたんだよ。
もし不運を脱する術に迷ったときは歩きながら考えてみることだよ。
山道など、起伏のある道ならいいよ。

お外は
暑いからな〜
お家の中で…

起伏のある場所……そうだ！
階段の上り下りなら、起伏がある。

いちに、
いちに…

びっちゃん、そうじゃなくて、
雄大な自然に触れられる場所がいいんだよ。
不運とは、びっちゃんが
"自然との不調和"を起こした結果なんだ。
ということは自然との調和を取り戻せば不運は去っていく。
ツイてないときは、自然の中に自ら入っていくことが
一番のクスリになるんだよ。
びっちゃんのそばには、
養老山というパワースポットもあるし、
一面のお空も見えるでしょ！

一面に広がる
大自然…
パワースポット

そうだった。
お外の大自然を
忘れてた。

びっちゃん
毛皮着てるけど
しっかり、お外を
歩いてみよう！

この雄大な景色を見て、感じる力を高めよう！

びっちゃん、頑張って！　先生は、いつでも応援しているよ。
最後に、不運から抜け出す一番の方法は、まず、
"不運の気配"を察知することです。

びっちゃん開運法 27

感謝は運を磨く原点

長い間、びっちゃんも開運するために
先生から色々教えてもらい、お勉強をしてきました。
そしたら、なんと！　びっちゃんに幸運がやってきました。
その幸運とは……びっちゃんに家族ができたんです。
見てください！　びっちゃんの子供ですよ。

> 生まれた
> ばかりです…

皆さんの応援のお陰でびっちゃんは、
こんなに可愛い赤ちゃんを授かることができました。
本当に、本当にありがとうございます。
まるで天使みたいでしょ♪

先生！　この感謝の気持ちをどう伝えたらいいの？

びっちゃん、よかったね。
これでお留守番も淋しくなくなるね。
感謝の気持ちを持つことは、なにより運を大きく育てるけど……、
「ありがとう」とたくさん言えば運がよくなるわけではないんだ。

えっ！

ありがとう
だけじゃ
ダメなの？

153

感謝は、自分が犬（人）からされることで、初めてわかるんだよ。
びっちゃんの周りのワンちゃんや人が喜ぶことをして、
心から感謝されたとき、
自分の心がじんわりと温かくなる感じがするでしょ！

> 君はそんなふうに感じたことある？

> どう…

「よかった」「やったかいがあった」「嬉しい」……。
より大きな感謝をもらうほど、感動、そして感謝が起こり、
思わず涙が出るような喜びで満たされた気持ちになるでしょ。
感謝で起こる"気持ち"は、言葉でいえば"愛"です。
感謝の愛はあらゆる犬（人）と交歓できるんだよ。
びっちゃんももっと、もっと、運を磨いて、
多くの人の役に立てるように成長してね。

はい！先生

びっちゃんはママになったから
頑張らなきゃ！

生後5日目
です。

小さくて可愛いね……
愛は自分の心、人の心を動かす最強のエネルギーと言えるんだ！

よりたくさん、より深い感謝を知ると、
"愛を感じる力" も高まるんだよ。
もうひとつ、教えてあげよう。愛は心をいい氣で満たし、
いい縁をつなぎ、あらゆる幸せを運んでくる。

びっちゃんの赤ちゃんへの愛、
見ている先生にも幸せを運んでくれているよ。

本当に
可愛いな！

目に見えない幸運への連鎖は、感謝＝愛から始まるんだよ。
心から生まれる感謝こそ、運を磨く原点であることを
いつも忘れないで！

　　　　　　　　　先生は、びっちゃんの
　　　　　　　　　赤ちゃんが健康で元気に
　　　　　　　　　育つように祈ってるよ。

人を喜ばせて感謝を知り、
自分も心からの感謝を返しましょう。

びっちゃんに
可愛い赤ちゃんを
授けてくれて

ありがとう
ございます。

感謝の愛の循環で、運は大きく育ちます。

ママのご挨拶

はじめまして、びっちゃんママです。
松永家は、たくさんの犬を飼っています。
外には、ハスキー犬が2匹、ラブラドールが3匹
ラブハスキーが1匹です。
みんな大きな犬ばかりです。
びっちゃんは、初めて家の中で飼う犬として
我が家にやって来ました。
初めて見たとき、なんて小さいんだろう……と驚いたことを、
今でも覚えています。
そのびっちゃんも、我が家にきてから4年目を迎えます。
びっちゃんは、時折、色んな表情をします。
悲しそうな……、怒ったような……、
気にいらないような……、そして嬉しそうな……
そんなびっちゃんを見ていると、言葉のない世界で感じ合いながら
毎日を共に過ごしていることを実感します。
日々の瞬間、瞬間がとても刺激的で、とても癒される、
かけがえのない存在になりました。

びっちゃんが、このまま健康で過ごすためには、
なにをしたらいいんだろう、と考え、
ふと思い浮かんだことが「犬にも風水を……」と
「犬でも開運できるかな？」でした。
そして、このびっちゃんとの毎日がこの本の出発点です。
この本を見てくださる方の開運に、
少しでもお役に立てたら嬉しいです。

そして、びっちゃんの本にご縁のあった方々に
たくさんの幸運が訪れますよう、心からお祈りいたします。

びっちゃんママ

犬でもできる開運法
～今日から始められる最強の運のつかみ方～

2013年2月1日　第1刷発行

著者　松永羽留美
監修　松永修岳

企画・編集　かざひの文庫

発行者　籠宮良治

発行所　太陽出版
東京都文京区本郷 4-1-14
〒 113-0033
電話　03-3814-0471／FAX03-3814-2366
http://www.taiyoshuppan.net/

印刷　壯光舎印刷株式会社
製本　有限会社井上製本所

装丁　BLUE DESIGN COMPANY

© HARUMI MATSUNAGA 2013, Printed in JAPAN
ISBN978-4-88469-762-4